W9-ABM-067

AVIÓN

DE ALEX SUMMERS

R urke
Educational Media
rourkeeducationalmedia.com

Enfoque de la enseñanza:
Conceptos de impresión: Pida a los estudiantes que busquen las letras mayúsculas y la puntuación en una frase. Pida a los estudiantes que expliquen cuál es el propósito de usarlas en una frase.

Antes de leer:

Construcción del vocabulario académico y conocimiento del trasfondo
Antes de leer un libro, es importante que prepare a su hijo o estudiante usando estrategias de prelectura. Esto les ayudará a desarrollar su vocabulario, aumentar su comprensión de lectura y hacer conexiones durante el seguimiento al plan de estudios.

1. Lea el título y mire la portada. *Haga predicciones acerca de lo que tratará este libro.*
2. Haga un «recorrido con imágenes», hablando de los dibujos/fotografías en el libro. Implante el vocabulario mientras hace el recorrido con las imágenes. Asegúrese de hablar de características del texto tales como los encabezados, el índice, el glosario, las palabras en negrita, los subtítulos, los gráficos/diagramas o el índice analítico.
3. Pida a los estudiantes que lean la primera página del texto con usted y luego haga que lean el texto restante.
4. Charla sobre la estrategia: úsela para ayudar a los estudiantes mientras leen.
   - Prepara tu boca
   - Mira la foto
   - Piensa: ¿tiene sentido?
   - Piensa: ¿se ve bien?
   - Piensa: ¿suena bien?
   - Desmenúzalo buscando una parte que conozcas
5. Léalo de nuevo.

Área de contenido Vocabulario
Utilice palabras del glosario en una frase.

alas
motores
nubes
piloto

Después de leer:

Actividad de comprensión y extensión
Después de leer el libro, trabaje en las siguientes preguntas con su hijo o estudiantes para comprobar su nivel de comprensión de lectura y dominio del contenido.

1. *¿Cuáles son algunas de las cosas que hace la gente cuando viaja en avión?* (Resuma).
2. *¿Qué tipo de cosas puedes ver en un avión?* (Haga preguntas).
3. *Si pudieras tomar un avión a algún lugar, ¿a dónde irías?* (Texto para conectar con uno mismo).
4. *¿Quién vuela el avión y dónde se sienta?* (Haga preguntas).

Actividad de extensión
¡Haz tu propio avión! Pide a un adulto que te ayude a seguir las instrucciones en www.foldnfly.com (página en inglés) para hacer tu propio avión de papel. Tíralo en el aire para ver si puede volar. ¿Qué tan lejos fue?

Índice

Es hora de volar 4

¡Despegue!............................ 14

Cómo aterrizamos 20

Glosario fotográfico 23

Índice analítico..................... 24

Sitios web 24

Acerca de la autora............. 24

Es hora de volar

¡Lista para irme!
¿Cómo llegaré?

Ya sé. Tomaré un avión.
Es REALMENTE grande.

El **piloto** vuela el avión.
Se sienta en la cabina de mando.

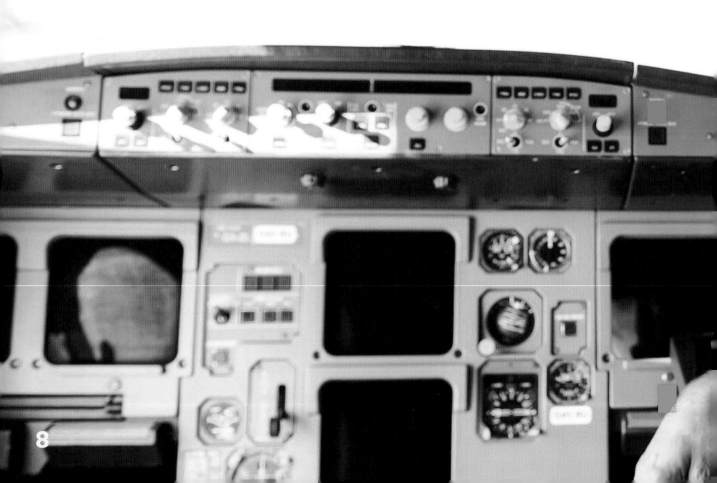

piloto

El avión tiene dos alas.
Ayudan a que el avión vuele.

ala

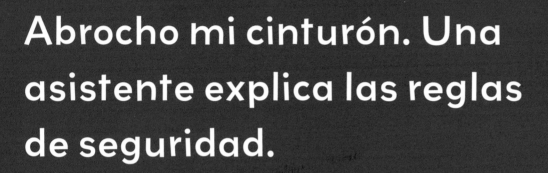

Abrocho mi cinturón. Una asistente explica las reglas de seguridad.

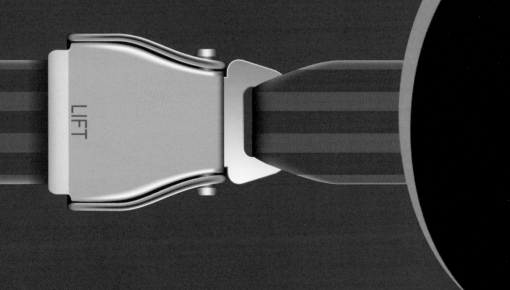

asistente

¡Despegue!

Los **motores** hacen un sonido fuerte. Siento cosquillas en la panza cuando despegamos.

motor

Puedo ver las **nubes.**
Volamos a través de ellas.

Veo una película. Me dan una bebida y un refrigerio.

FASTEN SEAT BELT WHILE SEATED.
PASANG TALI KELEDAR SEMASA DUDUK.

PLEASE FASTEN SEAT BELT
WHILE SEATED

Cómo aterrizamos

El piloto baja las ruedas.
Aterrizamos en una pista.

ruedas

¡Volar es divertido!

Glosario fotográfico:

 **alas**: estructuras que sobresalen del lado de un avión y le ayudan a volar.

 **motores**: máquinas que hacen que algo se mueva utilizando energía.

 **nubes**: una masa de vapor de agua condensada que flota en el cielo.

 **piloto**: una persona que vuela un avión.

Índice analítico

asistente: 12, 13

cabina de mando: 8

pista: 20

ruedas: 20, 21

Sitios web (páginas en inglés)

www.sciencekids.co.nz/sciencefacts/vehicles/airplanes.html

www.educationworld.com

www.sciencekids.co.nz/lessonplans/flight.html

Sobre la autora

Alex Summers disfruta de todas las formas de transporte, especialmente si la están llevando a sitios en los que nunca ha estado o no ha visto. ¡Le encanta viajar, leer, escribir y soñar con todos los lugares que visitará algún día!

¡Conoce a la autora!
(Página en inglés)
www.meetREMauthors.com

Library of Congress PCN Data

Avión / Alex Summers
(¡El transporte y yo!)
ISBN 978-1-64156-317-8 (hard cover - spanish)
ISBN 978-1-64156-005-4 (soft cover - spanish)
ISBN 978-1-64156-086-3 (e-Book - spanish)
ISBN 978-1-68342-162-7(hard cover)
ISBN 978-1-68342-204-4 (soft cover)
ISBN 978-1-68342-231-0 (e-Book)
Library of Congress Control Number: 2016956591

Rourke Educational Media
Printed in the United States of America,
North Mankato, Minnesota

Editado por: Keli Sipperley
Diseño de la tapa: Tara Raymo
Diseño de los interiores: Rhea Magaro-Wallace
Traducción: Santiago Ochoa
Edición en español: Base Tres
Photo Credits: Cover, title page, page 11 © Chinnasorn Pangchareon; page 5, 7, 22 © suzieleaky; page 5 © Talaj, kamski, JackF, Gugurat; page 7 © Tezcankemal; page 8 © g-stockstudio; page 12 © TShooterTShooter; page 16 © MINGUA ZHANG; page 22 © Senohrabek